SERVICE D'HIVER

PETIT
INDICATEUR TROYEN

Contenant les renseignements nécessaires
à tous les Industriels et Commmerçants de la Ville
de Troyes

TABLEAU DES MESSAGERS VENANT A TROYES

FOIRES ET MARCHÉS DE L'AUBE

TARIF

DES VOITURES PUBLIQUES ET DES VOITURES DE PLACE

CHEMINS DE FER

Prix : **25** centimes

TROYES

IMPRIMERIE PIERRE PÉLOT

Successeur de Bertrand-Hu

10 bis, Place de l'Hôtel-de-Ville, 10 bis

CALENDRIER POUR L'ANNÉE 1882

JANVIER			FÉVRIER			MARS			AVRIL			MAI			JUIN		
1	Dim.	Circoncision.	1	merc	s Ignace.	1	merc	s Albin, év. 4 T.	1	sam	s Hugues.	1	lund	s Phil., s Jacques	1	jeudi	s Probas.
2	lund	s Maximin.	2	jeudi	Purification.	2	jeudi	s Onésime.	2	6 D.	Les Rameaux.	2	mar	s Athanase, év.	2	vend	s Marcellin,
3	mar	ste Geneviève.	3	vend	s Blaise, évêque.	3	vend	ste Cunégond. 4T	3	lund	s Richard.	3	merc	Inv. Ste-Croix.	3	sam	ste Clotilde.
4	merc	s Rigobert, évêq.	4	sam	ste Jeanne de V.	4	sam	s Casimir. 4 T	4	mar	s Isidore.	4	jeudi	ste Monique.	4	1 D.	Trinité.
5	jeudi	s Télesphore, p.	5	Dim.	Septuagésime.	5	2 D.	Reminiscere.	5	merc	s Vincent Fer.	5	vend	s Pie V, pape.	5	lund	s Florent.
6	vend	Epiphanie.	6	lund	ste Dorothée.	6	lund	ste Colette v.	6	jeudi	s Prudence.	6	sam	s Jean P. L.	6	mar	s Claude.
7	sam	s Anastase, arch.	7	mar	s Romuald, ab.	7	mar	s Thomas d'A.	7	vend	Vendredi-Saint.	7	4 D.	ste Mâthie.	7	merc	s Lyé.
8	1 D.	s Frobert, abbé.	8	merc	s Jean de M.	8	merc	s Jean de Dieu.	8	sam	s Albert.	8	lund	s Désiré.	8	jeudi	Fête Dieu.
9	lund	s Adrien, abbé	9	jeudi	ste Apolline.	9	jeudi	ste Françoise.	9	Dim.	PAQUES.	9	mar	s Grégoire de N.	9	vend	ste Pélagie.
10	mar	s Guillaume, évê.	10	vend	ste Scholastique.	10	vend	les 40 Martyrs.	10	lund	s Fulbert.	10	merc	s Antonin.	10	sam	s Landry.
11	merc	ste Hortense.	11	sam	s Adolphe.	11	sam	s Euloge.	11	mar	s Léon, p.	11	jeudi	s Mamert.	11	2 D.	s Barnabé.
12	jeudi	s Arcade, martyr	12	Dim.	Sexagésime.	12	3 D.	Oculi.	12	merc	s Jules.	12	vend	s Achille.	12	lund	ste Olympe
13	vend	Oct. de l'Epiph.	13	lund	s Martinien.	13	lund	ste Euphrasie.	13	jeudi	ste Herménégilde	13	sam	s Servais.	13	mar	s Antoine de
14	sam	s Hilaire.	14	mar	s Valentin.	14	mar	ste Mathilde.	14	vend	s Tiburce.	14	5 D.	s Boniface.	14	merc	s Basile.
15	2 D.	s Nom de Jésus.	15	merc	s Faustin.	15	merc	s Zacharie, p.	15	sam	ste Anastasie.	15	lund	Rog. s Phal, abbé.	15	jeudi	s Modeste.
16	lund	s Marcel, pape	16	jeudi	s Julien.	16	jeudi	Mi-Carême.	16	1 D.	Quasimodo.	16	mar	Rog. s Honoré.	16	vend	s Cyr.
17	mar	s Antoine.	17	vend	ste Marianne.	17	vend	ste Gertrude.	17	lund	s Antcet.	17	merc	Rog. s Pascal.	17	sam	s Nicandre.
18	merc	ch. s Pierre.	18	sam	s Siméon.	18	sam	s Alexandre.	18	mar	s Parfait.	18	jeudi	ASCENCION.	18	3 D.	s Avit.
19	jeudi	s Sulpice.	19	Dim.	Quinquagésime.	19	4 D.	Lætare.	19	merc	s Elphégo.	19	vend	s Célestin.	19	lund	s Gervais.
20	vend	s Sébastien.	20	lund	s Fucher.	20	lund	s Théodore.	20	jeudi	s Marien, pape.	20	sam	s Bernardin.	20	mar	s Sylvère.
21	sam	ste Agnès, vierg.	21	mar	s Flavien.	21	mar	s Benoit.	21	vend	s Anselme, év.	21	6 D.	Stes Reliques.	21	merc	s Louis de
22	3 D.	s Vincent, m.	22	merc	Les Cendres.	22	merc	s Octavien.	22	sam	s Soter.	22	lund	s Emile.	22	jeudi	s Paulin, év
23	lund	s Raymond, c.	23	jeudi	s Pierre Dam.	23	jeudi	s Victorien.	23	2 D.	s Georges, m.	23	mar	s Didier.	23	vend	s Jacob.
24	mar	s Savinien.	24	vend	s Serge.	24	vend	s Simon m.	24	lund	s Fidèle.	24	merc	ste Jeanne.	24	sam	N. s. Jean
25	merc	convers. s Paul.	25	sam	s Mathias, Ap.	25	sam	Annonciation.	25	mar	s Marc, évang.	25	jeudi	s Grég,, 8.	25	4 D.	s Prosper d
26	jeudi	s Polycarpe.	26	1 D.	Quadragésime.	26	5 D.	La Passion.	26	merc	s Clet.	26	vend	s Philippe de N.	26	lund	s Maixent.
27	vend	s Jean Ch., év.	27	lund	s Léandre.	27	lund	s Rupert.	27	jeudi	s Frédéric.	27	sam	s Théobald. v. j.	27	mar	ste Adélaïde
28	sam	s Charlemagne.	28	mar	s Nestor, év.	28	mar	s Gontran.	28	vend	s Vital, m.	28	Dim.	PENTECOTE.	28	merc	s Cyrille, év
29	4 D.	s François de Sal.				29	merc	s Eustase.	29	sam	s Robert.	29	lund	s Maxime.	29	jeudi	s Pierre, s
30	lund	ste Martine, v.				30	jeudi	s Benjamin.	30	3 D.	Prot. s Joseph.	30	mar	s Félix.	30	vend	ste Emilien
31	mar	s Pierre Nolasque				31	vend	Compass. N. D.				31	merc	ste Pétronille.			

JUILLET			AOUT			SEPTEMBRE			OCTOBRE			NOVEMBRE			DÉCEMBRE		
1	sam	s Martial.	1	mar	s Pierre-ès-Lien.	1	ven	s Gilles, abbé.	1	18 D	Sт-Rosaire.	1	merc	TOUSSAINT.	1	vend	s Eloi.
2	5 D.	*Le Préc. Sang.*	2	merc	s Alph. de Lig;	2	samd	s Etienne, c.	2	lund	ss Anges gard.	2	jeudi	*Les Morts.*	2	sam	ste Bibiane.
3	lund	s Anatole.	3	jeudi	Invent. s Etienne	3	14 D	s Aristée, év	3	mar	s Denis, aréop.	3	vend	s Hubert, évêque	3	1 D.	Aveнт.
4	mar	ste Berthe.	4	vend	s Dominique.	4	lund	s Théodore, m.	4	merc	s Franç. d'Ass.	4	sam	s Charles, Borr,	4	lund	s Samuel, abbé.
5	merc	ste Zoé.	5	sam	*N.-Dame-des-N*	5	mar	s Laurent-J.	5	jeudi	s Placide.	5	23 D	s Sylvin, m.	5	mar	s Sabbas, abbé.
6	jeudi	ste Angéle.	6	10 D	*Transfigur. N.S.*	6	merc	s Pambon, abbé.	6	vend	s Bruno.	6	lund	s Léonard, erm.	6	merc	s Nicolas, évéq.
7	vend	ste Aubierge.	7	lund	s Gaëtan, confess.	7	jeudi	ste Reine.	7	sam	s Marc.	7	mar	s Florent, évêq.	7	jeudi	s Ambroise, év.
8	sam	ste Elisabeth de P.	8	mar	s Cyriaque, mart.	8	vend	Naтiv. de la ste V	8	19 D	ste Brigitte. v.	8	merc	Oct. Toussaint.	8	vend	Iмм. Conception.
9	6 D.	s Eracle, évêque.	9	merc	s Romain, mart.	9	sam	s Omer.	9	lund	s Denis. év.	9	jeudi	s Mathurin.	9	sam	ste Léocadie, v.
10	lund	les 7 frères mart.	10	jeudi	s Laurent, mart.	10	15 D	S. Nom de Marie	10	mar	s François de B.	10	vend	s Juste.	10	2 D.	s Valére.
11	mar	ste Euphémie.	11	vend	ste Philomêne.	11	lund	s Prot. s Hyacint.	11	merc	ste Placide.	11	sam	s Martin.	11	lund	s Damase, p.
12	merc	s Jean Gualb.	12	sam	ste Claire, v.	12	mar	s Séraphin.	12	jeudi	Martyrs d'Afriq.	12	24 D	*Dédicace.*	12	mar	s Valery, abbé,
13	jeudi	s Anaclet, pape.	13	11 D	s Hippolyte.	13	merc	ste Amélie.	13	vend	s Edouard, roi.	13	lund	s Bricet.	13	merc	ste Lucie, vierge.
14	vend	s Bonaventure, é.	14	lund	s Eusèbe.	14	jeudi	Ex. ste Croix.	14	sam	s Calixte, pape.	14	mar	s Bertrand.	14	jeudi	s Nicaisse, év.
15	sam	s Henri, emper.	15	mar	ASSOMPTION.	15	vend	s Nicoméde.	15	20 D	ste Thérèse, v.	15	merc	ste Eugénie.	15	vend	Oнtv. Concept.
16	7 D.	*N.D. du Mont-C.*	16	merc	s Roch.	16	sam	s Cyprien.	16	lund	s Bercaire. m.	16	jeudi	s Edmond.	16	sam	ste Barbe, v.
17	lund	s Alexis, confess.	17	jeudi	s Mammès.	17	16 D	7 *Douleurs.*	17	mar	ste Hedwige.	17	vend	s Grégoire Th.	17	2 D.	s Lazure.
18	mar	s Camille de L.	18	vend	ste Héléne.	18	lund	ste Sophie.	18	merc	s Luc, évang.	18	sam	Déd. égl. s-P.sP.	18	lund	s Gatien, év,
19	merc	s *Vincent de P.*	19	sam	s Louis, év.	19	mar	s Janvier.	19	jeudi	s Pierre d'Alcant.	19	25 D	ste Elisabeth.	19	mar	s Thimotée.
20	jeudi	ste Marguerite.	20	12 D	s Joachim.	20	merc	s Eustache. 4 *T.*	20	vend	s Adérald.	20	lund	s Félix de Valois.	20	merc	ste Philogone. 4 *T*
21	vend	ste Jules, vierge.	21	lund	s Privat.	21	jeudi	s Mathieu.	21	sam	s Hilarion, abbé.	21	mar	*Présentat. ste V*	21	jeudi	s Tноjas.
22	sam	ste Marie-Madel	22	mar	s Symphorien.	22	vend	s Maurice. 4 *T.*	22	21 D	s Valier, martyr.	22	merc	ste Cécile, v.	22	vend	s Fabien. 4 *T.*
23	8 D.	s Apollinaire.	23	merc	s Philippe B.	23	sam	s Lin, p. 4 *T.*	23	lund	s Séverin, év.	23	jeudi	s Clément, pape.	23	sam	ste Victoire. 4 *T.*
24	lund	ste Christine.	24	jeudi	s Barтhélemy.	24	17 D	N. D. de Merci.	24	mar	s Magloire, év.	24	vend	s Jean de la C.	24	3 D.	s Vénérand, *v. j.*
25	mar	s Jacques, apôt.	25	vend	s Louis, roi.	25	lund	s Firmin, évêque.	25	merc	s Crépin, s Crép.	25	sam	ste Catherine, v.	25	lund	NATIVITE N. S.
26	merc	*ste Anne.*	26	sam	s Zéphirin, pape.	26	mar	ste Justine.	26	jeudi	s Everiste, pape.	26	26 D	ste Victorine.	26	mar	s Etienne, mart
27	jeudi	s Pantaléon.	27	13 D	s Joseph Calas.	27	merc	s Come. s Dam.	27	vend	s Frument.	27	lund	s Aurèle.	27	merc	s Jean apôt. et é.
28	vend	s Victor, pape.	28	lund	s Augustin, év.	28	jeudi	s Venceslas, m.	28	sam	s Simoн, s Jude.	28	mar	s Sosthéne.	28	jeudi	ss Innocents.
29	sam	s Loup, évéq.	29	mar	*Décoll. s J.-B.*	29	vend	s Michel, arch.	29	22 D	s Narcisse.	29	merc	s Saturnin.	29	vend	s Thomas de C.
30	9 D.	ste Marthe.	30	merc	ste Rose, vierge.	30	sam	s Jérôme, doct.	30	lund	s Lucain.	30	jeudi	s André.	30	sam	ste Colombe.
31	lund	s Ignace, de L.	31	jeudi	s Raymond Non.				31	mar	s Quentin, *v. j.*				31	Diм.	s Sylvestre, p.

ADMINISTRATIONS

Cours d'enseignement, Marchés, Musée, Tribunaux, etc.

Heures d'audiences, d'ouverture et de fermeture des bureaux, etc.

Archives départementales, quai du comte Henri, de 2 heures à 4 heures.

Armée Territoriale, rue du Dauphin, 24, de 8 à 11 heures du matin et de 1 à 4 heures du soir.

Assistance judiciaire (bureau d'), séances 2 fois par mois, le vendredi à 2 heures, au Palais-de-Justice.

Banque de France, place de la Banque. Caisse ouverte de 9 heures du matin à 3 heures du soir.

Bibliothèque, rue Saint-Loup, de 10 heures du matin à 3 heures du soir, tous les jours excepté les mercredis, les fêtes légales et le temps des vacances (du 20 Août au 1ᵉʳ Octobre).

Le Dimanche de midi à 4 heures en hiver, et de midi à 5 heures en été.

Bureau de Bienfaisance, rue du Cloître Saint-Etienne ; séance le vendredi à 3 heures du soir.

Caisse d'épargne, à l'Hôtel-de-Ville, le Dimanche de midi à 2 heures.

Cathédrale.

Visite du Trésor, de 10 heures à 6 heures en été ; de 10 heures à 3 heures en hiver.

Ascension aux tours, de 1 heure à la nuit.

Chemin de fer de l'Est.

Petite vitesse, bureau des marchandises : en été du 1ᵉʳ avril au 1ᵉʳ octobre, de 6 heures du matin à 6 heures du soir.

En hiver, du 1ᵉʳ octobre au 31 mars, de 7 heures du matin à 6 heures du soir.

Grande vitesse, du 1ᵉʳ avril au 30 Septembre, de 6 heures du matin à 8 heures du soir ; du 1ᵉʳ octobre au 31 mars de 7 heures du matin à 8 heures du soir.

Les colis doivent être remis 3 heures avant le départ des trains.

Succursales, de 7 heures du matin à 8 heures du soir.

Congés de la Régie, les bureaux sont ouverts de 8 heures du matin à 5 heures du soir, rue Sainte-Jule, 1.

Conseil de Préfecture, à l'Hôtel de la Préfecture : à 1 heure 1/2, séances publiques les 1ᵉʳ et 3ᵉ vendredi de chaque mois.

Conseil des Prud'hommes, à l'Hôtel-de-Ville, audience le lundi à 1 heure.

Contributions indirectes, bureau de la direction rue Sainte-Jule, 1, de 9 heures du matin à 4 heures du soir.

Entrepôt des poudres et tabacs, rue Sainte-Jule, de 9 heures du matin à 4 heures du soir.

Cours d'adultes, dans toutes les écoles communales de 8 à 10 heures du soir, tous les jours excepté les dimanches et jeudis.

Cours d'allemand, à l'Hôtel-de-Ville, les lundis et mercredis, de 8 à 9 heures 1/2 du soir.

Cours d'anglais, à l'Hôtel-de-Ville, les mardis et vendredis de 8 à 9 heures 1/2 du soir.

Cours de chant, à l'Hôtel-de-Ville, les mardis et vendredis, à 8 heures du soir.

Cours de chimie : au Lycée, le lundi à 8 heures du soir ; à l'Hôtel-de-Ville, le samedi à la même heure.

Cours de dessin, 2, rue Boucherat, de 7 heures 1/2 à 9 heures 1/2 du soir, tous les jours excepté les dimanches et jeudis.

Cours de droit commercial, à l'Hôtel-de-Ville, le vendredi à 8 heures 1/2 du soir.

Cours d'enséignement secondaire des jeunes filles, rue Hennequin, ces cours ont lieu tous les jours excepté le jeudi et le dimanche, de 10 henres 1/2 à 11 heures 3/4 le matin et de 4 heures 1/2 à 6 heures le soir.

Histoire, géographie, littérature ; sciences mathématiques, naturelles et physiques.

Dessin, deux leçons, lundi et jeudi.

Ecole de gymnastique, place des Jacobins, tous les jours, excepté l'hiver, de 6 heures du matin à 8 heures du soir.

Enregistrement, rue de la Paix, 15, bureau des actes civils, de 8 heures du matin à 4 heures du soir.

Enregistrement, faubourg de Preize, 9, actes judiciaires et domaines, de 8 heures du matin à 4 heures du soir.

Enregistrement, rue du Théâtre, 19, successions et timbre extraordinaire, de 8 heures du matin à 4 heures du soir.

Evêché, Secrétariat, de 9 heures du matin à midi et de 2 heures à 4 heures du soir.

Fourneau, faubourg Croncels, ouvert de 10 heures 1/2 du matin à midi 1/2 ; et de 6 heures 1/2 à 8 heures 1/2 du soir ; le dimanche de 10 heures 1/2 à midi 1/2 seulement.

Fourneau de la société de St-Vincent-de-Paul, rue Boucherat, 7, en été de 8 à 10 heures du matin, en hiver de 9 à 11 heures du matin, tous les jours, excepté les dimanches et jours de fêtes.

Greffe du Tribunal de commerce, à l'Hôtel-de-Ville, de 9 heures du matin à 5 heures du soir.

Greffe du Tribunal civil, au Palais de Justice, de 8 heures du matin à 4 heures du soir.

Hospices (Commission administrative des), séance à l'Hôtel-Dieu, le vendredi à 3 heures.

Hôtel-Dieu. Le public est admis à visiter les malades les jeudis et dimanches de 2 à 3 heures.

Hypothèques (Conservation des) rue de Paris, 70, de 8 heures du matin à 4 heures du soir.

Justices de Paix, les audiences se tiennent à l'Hôtel-de-Ville, savoir :

1er CANTON, le mardi à 1 heure.

2e CANTON, le mercredi à midi.

3e CANTON, le jeudi à 1 heure.

Mairie : audiences du maire, à 4 heures ;
Secrétariat, de 2 à 4 heures ;
Bureau de M. Vitu, de 2 à 4 heures ;
Autres bureaux, de 9 heures du matin à 5 heures du soir.
Marché couvert St-Remi, ouvert du 1er avril au 30 septembre, le samedi, de 6 heures du matin à 6 heures du soir, les autres jours de 7 heures du matin à 5 heures du soir ; du 1er octobre au 31 mars, tous les jours de 8 heures du matin à 4 heures du soir; les samedis et jours de grand marché, jusqu'à 4 heures 1/2.
Marché Saint-Nizier, en été, de 5 heures à 10 heures du matin; en hiver, de 7 heures à 11 heures du matin.
Musée, rue St-Loup, les dimanches et jours fériés, en été de 1 heure à 5 heures; en hiver, de midi à 4 heures.
Parquet, au Palais-de-Justice, de midi à 5 heures.
Perception de Troyes, rue de la Madeleine, 1, de 10 heures du matin à 4 heures du soir.
Poids et mesures (vérification des), à l'Hôtel-de-Ville, les mardis et samedis de 10 heures du matin à 4 heures du soir.
Ponts et chaussées, bureau de l'Ingénieur en chef, rue Faubourg de Preize, 58, de 8 à 11 heures du matin et de 1 à 5 heures du soir.
Poste, direction rue Saint-Martin, 50, de 10 heures du matin à 3 heures du soir.
Poste, recette principale, rue Charbonnet, de 7 heures du matin à 9 heures du soir.
Préfecture : audiences du Préfet, les mardis et samedis, de 2 à 4 heures ;
Audiences du Secrétaire général, tous les jours ;
Bureaux : les jours ordinaires, de 1 à 4 heures du soir ; le samedi de 9 heures à 11 heures 1/2 du matin et de 1 à 4 heures du soir.
Recette municipale, rue Thiers, 164, de 9 heures du matin à 4 heures du soir.
Recrutement, rue du Dauphin, 24, de 8 heures à 10 heures du matin et de midi à 5 heures du soir.
Société académique, à la Préfecture, le 3e vendredi de chaque mois, à 3 heures.
Sous-Intendance, rue du Dauphin, 24, de 8 heures à 11 heures du du matin et de 1 à 5 heures du soir.
Télégraphe, rue Charbonnet, 1, de 7 heures du matin à minuit, du 1er mars au 31 octobre ; de 8 heures du matin à minuit, du 1er novembre au 28 février.
Timbre, rue Sainte-Jule, de 8 heures du matin à 4 heures du soir.
Trésorerie générale, rue St-Loup, 11, caisse de 10 heures du matin à 3 heures du soir.
Tribunal civil, au Palais de Justice.
Affaires civiles ordinaires, les mardis à midi ;
Affaires civiles sommaires, les mercredis à midi ;
Affaires correctionnelles, les jeudis à midi ;
Affaires sommaires et adjudications, les vendredis à midi ;
Référés, les samedis à midi.
Tribunal de commerce, à l'Hôtel-de-Ville, les lundis à 1 heure.
Tribunal de police, à l'Hôtel-de-Ville, les vendredis à midi.

MESSAGERS

VENANT A TROYES

Classés dans l'ordre alphabétique des pays qu'ils desservent

Avec leur adresse en ville, et les jours d'arrivée et de départ

PAYS DESSERVIS	NOMS DES MESSAGERS	JOURS D'ARRIVÉE ET DE DÉPART	Auberges où ils descendent
Aix-en-Othe............	DUBOIS, père et fils......	mercredi et samedi	aux Trois-Moutons.
Aix-en-Othe............	GAMBLIN...............	mercredi et samedi	chez Darnel.
Anglure...............	VERGEOT	vendredi...............	au Petit-Louvre.
Arcis.................	BÉON.................	mardi, jeudi, samedi.....	au Petit-Louvre.
Arcis.................	FRANCIS	samedi................	chez Laurent-Lacour.
Arcis.................	LALOUETTE	mercredi et samedi	chez veuve Gérard.
Arcis.................	MAYER	mercredi	au Sauvage.
Autricourt............	CABOIS	samedi................	chez Leroux.
Auxon	BICHE................	samedi................	aux Trois-Moutons.
Auxon................	AUBERT Étienne........	samedi................	chez Jacques.
Avant................	PHILIPPE	samedi................	au Sauvage.
Avant................	VALCK................	samedi................	au Petit-Louvre.
Bailly-le-Franc.........	COUSIN...............	samedi................	au Cheval-Gentil.
Bailly-le-Franc.........	LESEURE..............	samedi................	chez Douaire.
Balignicourt...........	HANIER-MONIN..........	samedi................	au Sauvage.
Bar-sur-Seine	DARNEL	part mardi et vendredi...	chez Darnel.
Bar-sur-Seine..........	LÉGER, aîné...........	arr. mard. et vend. part merc. et sam.	chez Paupe.
Bercenay-en-Othe	NOEL................	samedi................	au Cheval-Gentil.
Bérulles.............	FROTTIER-DEGOIS (sʳ de Salmon)	arr. vendredi part samedi.	chez Darnel.

PAYS DESSERVIS	NOMS DES MESSAGERS	JOURS D'ARRIVÉE ET DE DÉPART	Auberges où ils descendent
Bouilly	MALARMEY	samedi	chez Douaire.
Brevonnes	DEBERT	samedi	au Petit-Louvre.
Brevonnes	GRENON	samedi	au Sauvage.
Brevonnes	THILLEROT	samedi	chez Mme Vallot.
Brienne-le-Château	Mme FRICKMANN	arr. vend. part dimanche.	chez Jacques.
Brienne-le-Château	CHATEL	arr. mardi part mercredi .	au Petit-Louvre.
Chalette	BRAJEUX	arr. vendredi part samedi.	au Sauvage.
Chamoy	BERTHIL	samedi	chez Butat.
Channes	BOUILLE	samedi	chez Darnel.
Chaource	LAURENT	jeudi	chez Butat.
Chapelaine (Marne)	CROCETTI	samedi	au Petit-Louvre.
Chapelle-Vallon	BOURGEOIS	samedi	chez Béon.
Chauchigny	COTTIN	samedi	chez Mme Vallot.
Chavanges	BERTRAND	arr. jeudi part vendredi ..	à la Croix-d'Or.
Chavanges	VALTON	samedi	au Petit-Louvre.
Chennegy	BRISOIS	samedi	aux Trois-Moutons.
Chennegy	VAILLANT	samedi	chez Maitret.
Chesley	GLANCHARD	arr. mard. et vend. part merc. et sam.	au Char-d'Or.
Clérey	VELUT, fils	mercredi et samedi	au Sauvage.
Coclois	CARRÉ	samedi	au Sauvage.
Dampierre	CRÉTET fréres	arr. mercredi part jeudi..	au Char-d'Or.
Dienville	VERRIÈRES	samedi	au Sauvage.
Dierrey	GARNIER	samedi	chez Dereins.
Eaux-Puiseaux	VITAL	samedi	chez Lange.

PAYS DESSERVIS	NOMS DES MESSAGERS	JOURS D'ARRIVÉE ET DE DÉPART	Auberges où ils descendent
Épagne	Mme VILLAIN	samedi	chez Prugnot.
Ervy	HABAN	samedi	au Cheval-Gentil.
Essoyes	ROMANEINS	vendredi	chez Leroux.
Estissac	BILLON	mercredi et samedi	aux Trois-Moutons.
Estissac	MASSEY	mercredi et samedi	chez veuve Gérard.
Estissac	RILLOT	samedi	chez Maîtret.
Estissac	VIEILLARD, Léon	samedi	chez Bossuot.
Fays	Mme TRIBOUILLARD	samedi	chez Douaire.
Géraudot	RIVET	samedi	au Petit-Louvre.
Grandes-Chapelles	BOLLOTTE	samedi	chez Jacques.
Grandes-Chapelles	RENAVET	samedi	chez Bossuot.
Grandes-Chapelles	ROUSSELOT	samedi	chez Béon.
Isle-Aumont	ALLIOT	samedi	chez Douaire.
Jasseines	COUSIN	samedi	au Petit-Louvre.
Jasseines	COUTINE-LABIT	samedi	au Petit-Louvre.
Lagesse	PIOT	arr. mardi part mercredi.	au Char-d'Or.
Laignes	COUTURIER	mercredi	chez Douaire.
Les Grès	LAMONTE	samedi	chez veuve Gérard.
Lesmont	ROYER	samedi	à la Croix-d'Or.
Longsols	GENTIL	samedi	au Sauvage.
Longsols	MÉRAT	samedi	au Petit-Louvre.
Lusigny	MARTIN	samedi	au Sauvage.
Lusigny	SENET-HUGOT	samedi	chez Douaire.
Maraye-en-Othe	ROGER	arr. vendredi part samedi.	chez Daruel.

PAYS DESSERVIS	NOMS DES MESSAGERS	JOURS D'ARRIVÉE ET DE DEPART	Auberges où ils descendent
Marcilly-le-Hayer	BAGUET	lundi	au Sauvage.
Marcilly-le-Hayer	LABICHE	arr. lundi, part mardi	chez Darnel.
Mergey	ROGER	samedi	chez Darnel.
Mergey	VERNIER	samedi	chez Béon.
Méry sur-Seine	BERLOT	mardi, jeudi, samedi	au Char-d'Or.
Méry-sur-Seine	MARC	mardi et vendredi	chez Darnel.
Mesnil-saint-Loup	LEGRAND	samedi	chez Béon.
Mesnil-saint-Loup	SIMON, Louis	irrégulièrement	aux Trois-Moutons.
Molins	BONFILS	samedi	chez Douaire.
Montiéramey	HÉNAUT	samedi	chezTabouret.
Montiérender	CUISIN	samedi	chez veuve Gérard.
Montreuil	LEBON	samedi	chez veuve Gérard.
Montsuzain	BEUVE	samedi	chez Béon.
Montsuzain	COLINET	samedi	chez Darnel.
Mussy-sur-Seine	DANIEL	samedi	chez Leroux.
Neuville-sur-Vannes	GEORGES	samedi	aux Trois-Moutons.
Neuville-sur-Vannes	GUYOT	samedi	chez Béon.
Nogent-sur-Aube	DELINE	samedi	chez Darnel.
Nuisement	PHILIPPE	samedi	au Sauvage.
Origny-le-Sec	ROSÉ	samedi	chez Darnel.
Orvilliers	ARTOT	samedi	chez Darnel.
Orvilliers	BONHENRY	samedi	chez Jacques.
Orvilliers	VINCENT	samedi tous les 15 jours	chez Bossuot.
Pâlis	FROMONT	samedi	aux Trois-Moutons.

PAYS DESSERVIS	NOMS DES MESSAGERS	JOURS D'ARRIVÉE ET DE DÉPART	Auberges où ils descendent
Pâlis	TOURNEUX	mercredi et samedi	chez Darnel.
Pavillon	THIÉDOT	samedi	chez Mme Vallot.
Payns	BÉCARD	mercredi et samedi	chez Mme Vallot.
Payns	Mme DUTERTRE	mercredi et samedi	aux Trois-Moutons.
Payns	MOULIN	samedi	chez Douaire.
Payns	ROUSSEL	mercredi et samedi	au Cheval-Gentil.
Pel-et-Der	GRENON	samedi	au Petit-Louvre.
Piney	BÉCET	samedi	à la Croix-d'Or.
Piney	FÈVRE-LAGRANGE	samedi	au Petit-Louvre.
Piney	GRENON-BOUDELON	samedi	chez veuve Gérard.
Plancy	DESFORGES	vendredi	chez Darnel.
Pont-sur-Seine	EPAULARD	samedi	chez Darnel.
Pouan	CHOISELAT	samedi	chez Darnel.
Pouan	MOREAU	samedi	chez Douaire.
Pougy	BONNET	mercredi	à la Croix d'Or.
Pougy	Sr de LOISEAU	samedi	chez Bossuot.
Prunay	CHOISELAT	samedi	chez Darnel.
Prunay	COGNON	samedi	chez veuve Gérard.
Prusy	THINEY	samedi	chez Jacques.
Riceys (les)	VALNOT	vendredi	au Sauvage.
Rigny-le-Ferron	SALMON	samedi	aux Trois-Moutons.
Rilly-sainte-Syre	BAZIN	samedi	chez Jacques.
Rilly-sainte-Syre	GARNIER	mercredi et samedi	au Cheval-Gentil.
Romilly-sur-Seine	Veuve COGNON	mercredi et samedi	aux Trois-Moutons.

PAYS DESSERVIS	NOMS DES MESSAGERS	JOURS D'ARRIVÉE ET DÉPART	Auberges où ils descendent
Romilly-sur-Seine	DAMOISEAU	samedi	chez Butat.
Rosnay	FRAINCENET	samedi	chez Bossuot.
Saint-Florentin	CAMUT, Charles	samedi	aux Trois-Moutons.
Saint-Lyé	PARIS	samedi	chez Douaire.
Saint-Mards	Mme BERNARD	samedi	aux Trois-Moutons.
Saint-Mards	GUYON-MOREAU	samedi	chez Lange.
Saint-Mards	Mme JOURDELAT	mercredi et samedi	aux Trois-Moutons.
Saint-Mesmin	BURTEL	samedi	chez Jacques.
Saint-Mesmin	CARRÉ	samedi	chez Jacques.
Saint-Parres-les-Vaudes	DARNEL	mardi et vendredi	chez Darnel.
Saint-Parres-les-Vaudes	GANNE, Michel	samedi	au Sauvage.
Saint-Parres-les-Vaudes	LORÉ	samedi	chez veuve Gérard.
Somsois	HANIER	samedi	au Sauvage.
Soulaines	DÉLIÉ Charles et Antoine	arr. mercredi, part jeudi	au Petit-Louvre.
Soulaines	PASTEUR	vendredi	au Petit-Louvre.
Thuisy	DEFERT-ADAM	mercredi et samedi	aux Trois-Moutons.
Valdreux (le)	ROUSSEAU	samedi	chez Béon.
Vallant-saint-Georges	Sr de CAMUT	samedi	au Petit-Louvre.
Vallant-saint-Georges	CORNU	samedi	au Petit-Louvre.
Vallant-saint-Georges	SALSON	samedi	chez Béon.
Vanlay	GIBIER, frères	samedi	chez Douaire.
Vassy	GYORS	mercredi	rue de Bourbereau, 8.
Vauchassis	MENNERET, fils	jeudi, samedi	chez Bécard, à Ste-Savine.
Vauchassis	MENNERET, père	samedi	chez Maîtret.

PAYS DESSERVIS	NOMS DES MESSAGERS	JOURS D'ARRIVÉE ET DE DÉPART	Auberges où ils descendent
Vauchassis............	PRUDENT-VINCENT........	mard.,jeud.,sam., dép. 5 h.s.	aux Trois-Moutons.
Vaucogne.............	LUDOT.................	samedi................	
Vendeuvre............	DARNEL...............	lundi et jeudi...........	au Petit-Louvre.
Vendeuvre............	PETIT.................	arr. lundi part mardi.....	à la Croix-d'Or.
Villadin..............	FROMONT..............	samedi................	au Sauvage.
Villeloup.............	DESCAVES.............	samedi................	chez Jacques.
Villeloup.............	TROUVÉ, Narcisse........	samedi................	chez veuve Gérard.
Voué.................	BAZOT, Henri.........	samedi................	au Sauvage.
Voué.................	CLÉMENT..............	samedi................	au Cheval Gentil.

L'on peut se procurer à l'Imprimerie **P. PÉLOT**, 10 bis, place de l'Hôtel-de-Ville, pour le prix de **20** centimes, **collé sur carton fort**, le **TABLEAU DES MESSAGERS** venant à Troyes.

AUBERGISTES *(adresses des)*

Assier, faubourg Ste-Savine, 31.

Bécard, route de Sens, 17.

Béon, place de la Bonneterie, 44.

Bonnet, au *Char-d'Or*, rue de la Cité, 12.

Brameret, faubourg Croncels, 77.

Butat, rue de Croncels, 18.

Charvot, faubourg Croncels, 76.

Darnel, rue de la Pierre, 14.

Dartois, rue de Paris, 81.

Derlins, fils, au *Porte-Drapeau*, à Sainte-Savine, 19.

Douaire, à la *Belle-Étoile*, rue Pithou, 11.

Gérard, (V^e) place de la Préfecture, 9.

Guillier, au *Petit-Louvre*, rue Montée-st-Pierre, 2.

Guillot, frères, aux 3-*Moutons*, faub. Ste-Savine, 23.

Jacques, à l'*Artilleur-Français*, rue de Preize, 33.

Jacquinot, mail des Blanchisseurs, 3.

Aillant-Legendre, route de Sens, 10,

Jautru, faubourg Croncels, 61.

Lange (V^e), au *Fer-à-Cheval*, Ste-Savine. 17.

Laurent-Lacour, faubourg Croncels, 79.

Leroux, faubourg Croncels, 46.

Lhabitant-Thévenin, rue de Paris, 58.

Maitret, faubourg Sainte-Savine, 38.

Morin (V^e), place des Jacobins, 8.

Paris, au *Cheval-Gentil*, rue St-Vincent-de-Paul, 6.

Patrois, mail des Charmilles, 92.

Paupe, faubourg Croncels, 43.

Petitcolin, au *Sauvage*, rue St-Vincent-de-Paul, 10.

Protin, rue St-Jacques, 93.

Prugnot, rue Saint-Jacques, 63.

Ronot, à la *Croix-d'Or*, place Saint-Pierre.

Tabouret, rue Saint-Jacques, 33.

Vallot, rue Gambey, 3.

Vuillemin, route de Sens, 30.

VOITURES PUBLIQUES
Faisant un service régulier

BRIENNE ET CHAVANGES

Entreprise veuve COLLOT, RAQUIN et Cie, *au Sauvage*

Service de Brienne.

Départ de Troyes à 4 heures du soir. Arrivées à Piney, 6 heures ; à Lesmont, 7 heures ; à Rosnay, 8 heures ; à Chavanges, 9 heures 1/4.

Retour : départ de Brienne pour Troyes, 6 heures du matin ; de Chavanges, 5 heures ; de Rosnay, 6 heures ; de Lesmont, 7 heures ; de Piney, 8 heures ; arrivée à Troyes à 10 heures 15 du matin.

Service de Chavanges.

Départ de Troyes, 7 heures du matin ; arrivée à Chavanges à midi.

Retour : départ de Chavanges pour Troyes, midi 30 ; de Rosnay, 1 heure 1/4 ; de Lesmont, 2 heures ; de Piney, 3 heures 1/2 ; arrivée à Troyes, 6 heures.

CHAOURCE

Entreprise PANON, *au Sauvage*, rue Saint-Vincent-de-Paul, 10

Départ de Troyes, 6 h. 1/2 du matin ; Arrivée à Chaource, 9 h. 1/2
Départ de Troyes, 4 h. du soir ; Arrivées à Chource, 7 heures.
Départ de Chaource, 6 h. 1/2 du matin ; Arrivée à Troyes, 9 h. 1/2.
Départ de Chaource, 4 h. du soir ; Arrivée à Troyes, 7 heures.

Les mercredi, vendredi et dimanche, la voiture va à Etourvy.

Départ de Chaource, 10 heures ; Arrivée à Etourvy, 11 heures.
Départ d'Etourvy, 2 heures.

Prix pour Chaource, **2 fr. 25** ; pour Etourvy, **3 fr. 50**.

ERVY, FLOGNY, SAINT-FLORENTIN, TONNERRE

Entreprise COUTIN, rue du Dauphin, 6

Départ de Troyes : 6 heures 30 du matin. Arrivée à Ervy, 10 h. 1/2 ; à Flogny, à midi.
Départ de Troyes 4 h. du soir. Arrivées à Ervy, 8 h. ; à St-Florentin, 9 h. 30 ; à Tonnerre, 10 heures du soir.
Départs de Tonnerre, 2 heures du matin ; de St-Florentin, 4 heures ; d'Ervy, 5 heures. Arrivée à duyes : 9 heures du matin.
Départ de Flogny, 1 h. 30 du soir. Arrivée à Troyes 7 h. 3/4 du soir.
Prix pour Saint-Florentin. **5** fr. ; Flogny, **5** fr. ; Tonnerre, **6** fr. Ervy, **4 francs**.

PINEY

Entreprise HUOT et DEBERT, *Hôtel de la Croix-d'Or*, place Saint-Pierre

Départs de Troyes, (*3 départs par jour*)

1ᵉʳ Départ, à 2 heures du matin.

Arrivée à *Piney* à 4 heures 1/2 du matin. (Le service continue jusqu'à Lesmont).

2ᵉ Départ, à 7 heures moins un quart du matin.

Arrivée à *Piney* à 9 heures, à *Lesmont* à 10 heures, à *Rosnay-l'Hôpital* à 11 heures, à *Montmorency* à 11 heures 1/2, à *Chavanges* à midi.

3ᵉ Départ, à 4 heures du soir.

Arrivée à *Piney* à 6 heures, à *Lesmont* à 7 heures, à *Pougy* à 7 heures 1/2, à *Coclois* à 8 heures, à *Jasseines* à 8 heures 1/2.

Départs pour Troyes

1ᵉʳ Départ.

Départ de *Jasseines* à 5 heures du matin, chez M. PERSON aubergiste ; de *Coclois* à 5 heures 1/2 du matin, chez M. CHARPENTIER aubergiste ; de *Pougy* à 6 heures du matin, chez M. GAUDRY, limonadier ; de *Lesmont*, à 6 heures 1/2 du matin, chez M. DEBERT, hôtel Saint-Nicolas ; de *Piney* à 7 heures 1/2 du matin, chez M. HUOT, hôtel Saint-Nicolas.

2ᵉ Départ.

Départ de *Lesmont* à 2 heures du soir, chez M. DEBERT, hôtel Saint-Nicolas ; de *Piney* à 3 heures du soir, chez M. HUOT, hôtel Saint-Nicolas.

3ᵉ Départ.

Départ de *Chavanges* à 4 heures du soir, chez M. MARTIN, café de la Paix ; de *Montmorency* à 4 heures 1/2 du soir, chez M. BARBOLIN, buraliste et cafetier ; de *Rosnay-l'Hôpital* à 5 h. 1/4 du soir, chez M. RENARD, café des Voyageurs ; de *Lesmont* à 7 heures du soir, chez M. DEBERT, hôtel Saint-Nicolas ; de *Piney* à 8 heures du soir, chez M. HUOT, hôtel Saint-Nicolas.

VAUCHASSIS

Entreprise VINCENT, *aux Trois-Moutons*, faubourg Sainte-Savine, 23

Mardi, jeudi et samedi.

Départ de Troyes à 5 heures du soir.

Départ de Vauchassis, à 7 h. du matin ; arrivée à Troyes, à 9 heures.

Prix : **1 fr. 25**

OMNIBUS (*faisant le service de la gare*)

COUTIN, rue du Dauphin, 6

50 centimes par voyageur avec bagages, jusqu'à **30** kilogrammes.

FOIRES DE L'AUBE

Pour 1882

FOIRES MENSAIRES. — *Troyes*, foire aux bestiaux, 1er samedi de chaque mois. — *Troyes* foires pour chevaux et bestiaux, le Jeudi saint et le 20 Juillet. — *Saint-Parres-les-Vaudes*, marché aux menues denrées tous les jeudis. — *Arcis*, marché aux bestiaux tous les lundis. — *Méry-sur-Seine*, marché aux grains et aux bestiaux tous les jeudis. — *Saint-Jean-de-Bonneval*, marché tous les dimanches. — *Saint-Phal*, marché tous les vendredis.

JANVIER. 9 brienne. 11 soulaines. 13 les riceys. 15 auxon. 17 vendeuvre. 20 piney. 21 essoyes. 22 aix, ervy. 25 dienville, mussy.

FÉVRIER. 1 st-phal. 3 estissac, pougy. 6 villenauxe, 10 troyes (*foire aux chev. et aux best., non franche*). 16 brienne, rigny-le-ferron, 17 marcilly. 19 avant. 20 charmont, montiéramey. chaource fontaine-les-grès 21 marolles 23 st-thibault, piney, 24 lesmont, st-mards, arcis, 25 mussy. 27 plancy, dienville, merrey.

MARS. 1 st-phal, champignolle, marigny, vendeuvre. 5 jully-sur-sarce. 6 romilly, troyes (15 j.). 7 charmont. 8 villemaur. 9 vanlay. 10 maraye, st-jean-de-b., bar-sur-s. 14 brienne. 15 méry 16 l'hôitre. 17 chesley. 19 rigny-le-ferron 20 st-jean-de-b. ervy. 21 essoyes. 24 payns. 25 nogent-s-seine (3 j.), dampierre, 29 chavanges.

AVRIL. 1 bar-sur-aube. 2 landreville, 3 bérulles. dienville, plancy. 6 auxon, troyes, (foire aux jambons.) 10 saint-mards, villenauxe. pont-sur-seine. 11 vauchassis. 12 rosnay. 15 st-mesmin, vitry-le-croisé. 17 pougy. 20 jeugny. 22 lusigny. 23 vendeuvre. 24 origny-le-sec. 25 lesmont, mussy. 26 pougy estissac.

MAI. 1 jully-sur-sarce, bligny. 2 ervy, piney. 3 chaource, ramerupt. 5 jully-sur-sarce. 6 clérey. 9 arcis, brienne, gyé-sur-seine. 14 chesley. 17 st-phal, soulaines. 18 chappes. 21 essoyes. 25 st-mards, 26 dienville. 29 orvilliers, grandes-chapelles. 31 marcilly-le-hayer.

JUIN. 1 champignol. 2 plancy. 5 bar-s-seine. 7 montiéramey. 8 vanlay. 11 pougy, riceys, nogent-sur-seine (3 j.), chamoy. 15 chavanges, maraye. 16 marolles, arcis. 17 bar-sur-aube. 18 aix-en-othe, 19 estissac. 20 méry, cunfin, st-jean-de-bonneval, chavanges. 22 auxon. 24 traînel (2 j.), st-martin-de-bossenay, troyes (*location de domestiques*). 25 bouilly. 26 romilly. (2 j.). 28 dampierre, chaource. 30 ervy.

JUILLET. 1 rigny-le-ferron. 3 st-mards. 7 villenauxe. 12 clérey. 15 riceys. 18 chesley. 20 troyes (*chevaux et bestiaux, non franche*.) 22 piney. 24 st-phal.

AOUT. 6 clérey. 12 jeugny. 16 orvilliers. vendeuvre. 22 st-phal. 24 arcis, loches. 25 chaource. 26 bar-sur-aube. 28 ville-sur-arce, nogent-sur-seine. 29 lesmont. 31 riceys, nogent-sur-seine.

SEPTEMBRE. 1 mussy, estissac, troyes (15 j.), 2 auxon. 3 aix-en-othe, 4 macilly. 5 bar-s-seine, avant. 8 landreville, origny-l-sec. 9 dienville. 10 chesley. 11 charmont. 12 rigny-le-ferron, sommeval. 13 neuville-sur-seine, rigny-le-ferron. ramerupt. 14 ervy. 15 champignolles, ontaine-st-georges, bagneux-la-fosse. 17 soulaines, celles. 19 bligny. 20 st-jean-de-bonneval. 21 pougy, essoyes, st-mards. 24 payns. 25 méry. 27 chamoy. 29 villenauxe, rumilly-les-vaudes.

OCTOBRE. 1 traînel. piney. 2 arcis. romilly. 3 charmont. 4 chavanges, 9 lhuitre, maizières, marigny. 10 rosnay, st-phal. 12 marcilly-l-hayer. 15 grandes-chapelles, chavanges, st-lupien. 18 lesmont, chaource. 19 bérulles. 20 maraye. 21 vendeuvre. 22 troyes, (*chevaux et bestiaux, non franche,*). 26 brienne, ervy. 28 dampierre riceys, nogent-sur-seine (3 j.). 30 dienville. 31 marigny, vauchassis.

NOVEMBRE. 1 brienne. 2 lusigny, piney. 3 plancy, bouilly, 4 aix-en-othe. 5 chappes. 7 chavanges. 8 vitry-le-croisé. 10 chesley, montiéramey. 11 st-mesmin, mussy, marigny. 12 sommeval. 13 rigny-le-ferron. lesmont. 15 pont-sur-seine, st-parres-les-vaudes, champignol. ramerupt. 17 vanlay. 20 st-jean-de-bonneval. 21 essoyes. 24 soulaines. 25 estissac, clérey, st-mards, méry.

DÉCEMBRE. 1 arcis, brienne, ervy. 6 gyé-sur-seine, st-mards (2 j.). 8 villemaur. 11 dienville. 13 bar-sur-seine. 18 st-mards. 19 chavanges. 20 chaource. 21 loches. 22 pougy, st-phal. 26 traînel (2 j.). 27 dampierre. 31 ramerupt.

VOITURES DE PLACE

TARIF

DÉSIGNATION DES VOITURES	NOMBRE de places	DE JOUR		JOURNÉE	DE NUIT	
		course	heure		course	heure
Berlines.............	4	2 »	2 50	20 »	2 50	3 »
Breacks.............	6	2 »	2 50	20 »	3 »	3 50
Calèches...........	4	2 »	2 50	20 »	2 50	3 »
Coupés.............	4	2 »	2 »	20 »	2 25	3 »
Ducs...............	3	1 50	2 »	18 »	2 25	2 50
Duc................	3	1 50	2 »	18 »	2 »	2 50
Tilburys...........	2	1 50	2 »	12 »	1 50	2 »
Victorias..........	4	2 »	2 50	20 »	2 50	3 »
Vis-à-vis	4	2 »	2 50	18 »	2 50	3 »

RÈGLEMENT

Les heures de départ et de retour comptent de la station.

La première heure se paie en entier ; pour les suivantes, on compte par quart d'heure

Le tarif à la course n'est applicable que dans les limites de l'octroi.

Les dépenses des cochers et chevaux sont à la charge des voyageurs, pour les voyages hors ville.

BUREAU DE POSTE DE TROYES

Heures de la levée des boîtes et des distributions en ville

Le bureau des Postes rue Charbonnet, n° 1, est ouvert de 7 heures du matin à 9 heures du soir les jours ordinaires, et de 7 heures à 3 heures les Dimanches et jours de fête.

Quatre distributions par jour ont lieu dans la ville : 7 h. matin, 9 h. 30, midi 45 et 4 heures 10 soir ; les Dimanches et fêtes, la 2e et la 4e distribution n'ont pas lieu.

Les limites des heures pour les levées de la boîte au bureau rue Charbonnet, sont :

Le matin : à 10 h. 25 pour Paris, Belfort, Chalindrey, Arcis, Bar-sur-Aube, Brienne, Vendeuvre, Nogent-sur-Seine, Romilly, Chavanges, Rosnay, Mailly, etc.

Le soir : à 1 h. pour Bar-sur-Seine. — à 1 h. 45 pour Aix, Rigny-le-Ferr., Estissac. — à 2 h. 20 : Paris. — à 3 h. 30 : Piney. — à 3 h. 45 : le midi, par Tonnerre ; Auxon, Bouilly, Ervy. —à 5 h. 45 : Est, ligne d'Avricourt, par Châlons ; le midi par Sens ; Auxon, Bouilly, Ervy, etc., Chavanges, Rosnay, Mailly. — à 10 h. Paris, Belfort, Châlons, Arcis Bar-s-Aube, Brienne, Vendeuvre, Nogent-s-Seine, Romilly, etc. ; Chaource, etc. ; Auxon. Bouilly, Ervy, etc. ; Aix, Rigny-le-Ferr., Estissac, etc. ; Piney, Chavanges, Rosnay, Mailly.

Levée de la boîte de la gare, 10 minutes avant le départ des trains-poste.

MARCHÉS AUX GRAINS HEBDOMADAIRES

Du département de l'Aube

Aix-en-Othe	le Mercredi.
Arcis-sur-Aube	le Vendredi.
Auxon	le Jeudi.
Bar-sur-Aube	le Mardi et le Samedi.
Bar-sur-Seine	le Vendredi.
Bouilly	le Dimanche.
Brienne-le-Château	le Jeudi.
Chaource	le Lundi.
Chavanges	le Samedi.
Ervy	le Samedi.
Essoyes	le Samedi.
Estissac	le Jeudi.
Lusigny	le Jeudi.
Maizières-la-Grande-Paroisse	le Mercredi.
Maraye-en-Othe	le Mardi.
Marcilly-le-Hayer	le Jeudi.
Méry-sur-Seine	le Jeudi.
Mussy	le Samedi.
Nogent-sur-Seine	le Samedi.
Pâlis	le Lundi.
Piney	le Vendredi.
Plancy	le Mercredi.
Pont-sur-Seine	le Mercredi.
Pougy	le Jeudi.
Ramerupt	le Samedi.
Riceys (les)	le Jeudi.
Rigny-le-Ferron	le Mardi.
Romilly-sur-Seine	le Lundi.
Saint-Mards-en-Othe	le Lundi.
Traînel	le Jeudi.
Troyes	le Samedi.
Vendeuvre	le Mercredi.
Villemaur	le Dimanche.
Villenauxe	le Vendredi.

FACTEURS EXPRESS

Directeur : M. GRAND, rue Urbain IV, 20

Facteurs avec bagages, jusqu'à 50 kilos	» 50
30 cent. en plus par fraction de 50 kilos.	
Facteur à l'heure, sans outils	» 50
Facteur à l'heure, avec voiture	» 70
Nettoyage d'appartements, à l'heure	» 50
Cirage d'appartements, à l'heure	» 60
Encaustique, cire à l'eau, par mètre superficiel	» 25
Encaustique à l'essence	» 50
Pour le Commerce, jusqu'à 100 kilos	» 50
Transport de bouteilles vides, le 100	1 »
Id. id. pleines, le 100	2 »

TARIF A PRIX RÉDUITS

POUR LE TRANSPORT DES PETITS COLIS

DONT LE POIDS N'EXCÈDE PAS 5 KILOGRAMMES

(Nota : *Le présent Tarif annule et remplace celui du 1er mars 1878.*)

COLIS POSTAUX	COLIS NON POSTAUX
(DONT LE POIDS NE PEUT DÉPASSER 3 KILOGRAMMES)	(D'UN POIDS DE 0 A 5 KILOGRAMMES)

1° D'une gare quelconque des réseaux ci-dessus désignés à une gare quelconque des mêmes réseaux.

PRIX POUR CHAQUE COLIS (A)

Enregistrement et droit de timbre du récépissé fixé à 0 fr. 10 par la loi du 3 mars 1881. COMPRIS } **0 fr. 60**

PRIX POUR CHAQUE COLIS

1° Colis de 0 à 3 kilogrammes :
Enregistrement, timbre du récépissé à 0 fr. 35 et impôt de grande vitesse compris. } **1 franc.**

2° Colis de 3 à 5 kilogrammes
Enregistrement, timbre du récépissé à 0 fr. 35 et impôt de grande vitesse compris. } **1 fr. 20**

Taxe à ajouter, pour chaque colis, aux prix ci-dessus en cas de remise à domicile par les Compagnies, dans les localités desservies par un service de factage ou de correspondance :

0 fr. 25 (A) | **0 fr. 25**

(A) Les taxes ci-dessus sont également applicables sur les parcours des chemins de fer désignés, aux colis postaux internationaux dont l'expédition est réglée par la loi du 3 mars 1881.

Ligne de Paris à Belfort

STATIONS.	40-95 MIXTE 1re 2e 3e	40-43 OMNIBUS 1re 2e 3e (matin)	40-33 EXPRESS 1re 2e cl. —(a)— (matin)	40-45 SEMI-DIR. 1re 2e 3e (jour)	40-47 SEMI-DIR 1re 2e 3e (soir)	40-71 OMNIBUS 1re 2e 3e	40-39 POSTE 1re class. —(c)— (soir)	40-49 SEMI-DIR. 1re 2e 3e (soir)	40 A DIRECT 1re 2e 3e	40-73 MIXTE 1re 2e 3e	40-41 SEMI-DIR. 1re 2e 3e (soir)
Paris,............dép.	...	7 40	8 35	midi 50	5 5	...	8 25	9 40	...	...	min. 35
Longueville......arr.	matin	10 7	10 22	3 29	.7 24	matin	10 13	11 52	...	soir	3 7
(B) dép	6 15	10 31	10 26	3 34	7 28	11 2	10 18	11 58	...	4 58	3 15
Flamboin-Gouaix......arr.	6 32	10 44	10 34	3 47	7 41	11 15	10 26	min. 8	...	5 13	3 25
(B) dép.	6 38	10 47	10 35	3 51	7 42	matin	10 27	min. 9	...	soir	3 31
Nogent-sur-Seine......	7 15	11 15	10 52	4 20	8 9	———	10 45	min.31	...	...	3 57
Pont-sur-Seine......	7 32	11 28	»	4 33	8 22	...	10 56	min.44	...	...	4 11
Romilly......arr.	7 50	11 41	11 11	4 46	8 35	...	11 7	min.57	...	...	4 24
Romilly......dép.	7 59	11 46	11 14	4 51	8 38	...	11 12	1 2	...	...	4 32
Maizières (halte)......	8 10	11 55	»	5 »	8 47	...	»	»	...	...	»
Mesgrigny......	8 33	midi 7	»	5 13	8 59	...	11 26	1 20	...	...	4 54
Saint-Mesmin......	8 47	midi 17	»	5 23	9 9	...	»	»	...	...	5 1
Savières (halte)......	8 57	midi 25	»	5 31	9 17	...	»	»	...	40	»
Payns......	9 5	midi 32	»	5 38	9 24	...	»	»	...	117	5 16
Saint-Lyé (halte)......	9 14	midi 39	»	5 45	9 31	...	»	»	...	MIXTE	»
Barberey......	9 23	midi 46	»	5 52	9 38	...	»	»	...	1 2 3cl.	5 27
Troyes......arr.	9 37	midi 57	11 53	6 3	9 49	...	11 54	1 55	...	soir	5 38
(B) dép.	====	1 5	midi 13	6 21	soir	...	min. 3	2 3	...	7 50	6 5
Rouilly-St-Loup......	matin	1 20	»	6 36	====	...	»	»	...	8 11	6 20
Lusigny......	...	1 32	»	6 48	...	...	»	»	...	8 28	6 32
Montiéramey......	...	1 43	»	6 59	...	...	»	»	...	8 45	6 43
Vendeuvre......	...	2 »	midi 49	7 16	...	...	min. 39	2 48	...	9 26	6 59
Jessains......	...	2 17	»	7 33	...	...	min. 53	»	...	10 4	7 16
Arsonval-J. (halte)......	...	2 26	»	7 42	...	...	»	»	...	»	7 25
Bar-sur-Aube......	...	2 38	1 15	7 55	...	...	1 9	3 20	...	10 26	7 37
Bayel (halte)......	...	2 50	»	8 7	...	...	»	»	...	...	7 49
Clairvaux......	...	3 »	»	8 17	...	...	1 24	»	...	...	7 58
Brieon......arr.	...	3 27	1 46	8 44	...	...	1 43	3 59	...	...	8 25
Brieon......dép.	...	3 28	1 47	8 45	...	40-51 OMNIBUS 1re 2e 3e	1 44	4 »	...	...	8 27
Chaumont (B)......arr.	...	3 52	2 4	9 6	...	====	2 1	4 21	11 36	...	8 48
Chaumont......dép.	...	4 2	2 9	9 28	...	...	2 10	4 30	2 24	...	8 56
Langres......	...	4 58	2 48	10 23	...	...	2 49	5 22	2 59	...	9 51
Vesoul......arr.	9 55	7 24	4 40	...	...	...	4 50	7 53	9 50	...	midi 18
(B) dép.	matin	7 36	4 45	soir	...	...	5 »	7 58	soir	...	midi 23
Belfort (B)......arr.	...	9 25	5 57	...	...	...	6 20	9 48	...	...	2 13

Ligne de Belfort à Paris

STATIONS.	40-42	40-34	40-44	40-50	40-160	40-36	40-46	16-14	16-50	16-38	40-130	16-88
	OMNIBUS	EXPRESS	SEMI-DIR.		MIXTE	POSTE	SEMI DIR.	OMNIBUS	OMNIBUS	OMNIBUS		MIXTE
	1re 2e 3e	1re 2e cl.	1re 2e 3e	1re 2e cl	1 2 3cl	1re cl.	1re 2e 3e	1re 2e 3e	1re 2e 3e	1re 2e 3e	1re 2e 3e	1re 2e 3e
		— (—) —				— (cl) —						
	matin	matin	soir		soir	soir	soir					
Belfort (B) .... dép.	6 54	11 38	1 52	…	5 26	7 31	9 37	…	…	…	…	…
Vesoul .... arr.	8 28	midi 50	3 32	…	8 22	8 44	10 53	matin	matin	soir	…	soir
(B) .... dép.	8 38	midi 57	3 47	…	…	8 51	11 »	11 30	…	…	…	6 15
Langres	11 4	3 2	6 29		…	10 59	1 20		6 51	3 20	…	6 55
Chaumont .... arr.	11 51	3 38	7 22	…	…	11 35	2 9	…	7 44	4 1	…	
(B) .... dép.	11 56	3 47	7 32	…	…	11 43	2 19	…	7 53	…	…	4 25
Bricon .... arr.	midi 13	»	7 54	40-138	…	11 57	2 39	…	8 15	…	…	4 54
.... dép.	midi 14	»	7 55	MIXTE	…	11 58	2 40	…	8 16	…	…	4 59
Clairvaux	midi 38	»	8 21	1 23cl.	…	»	3 9	…	8 42	…	…	5 34
Bayel (halte)	midi 47	»	8 30	matin	…	»	»	…	8 51	…	…	5 47
Bar-sur-Aube	1 3	4 35	8 46	6 10	…	min.31	3 36	…	9 9	…	…	6 13
Arsonval-J. (halte)	1 12	»	8 55	6 21	…	»	»	…	9 18	…	…	6 27
Jessains	1 22	»	9 5	6 42	…	min.43	3 55	…	9 28	…	…	6 45
Vendeuvre	1 39	4 59	9 24	7 21	…	min.56	4 17		9 46	…	…	7 24
Montiéramey	1 54	»	9 39	7 48	…	»	»	40-18	10 1	…	…	7 48
Lusigny	2 4	»	9 49	8 3	…	»	»	OMNIBUS	10 11	…	…	8 3
Rouilly-st-Loup	2 15	»	10 »	8 19	…	»	»	1 2 3cl.	10 22	…	…	8 19
Troyes .... arr.	2 29	5 33	10 14	8 40	…	1 28	5 4	matin	10 36	…	…	8 40
(B) .... dép.	3 »	6 1	10 29	matin	…	1 36	5 19	6 35	10 48	…	6 20	…
Barberey	3 11	»	»	…	…	»	»	6 43	10 59	…	6 35	…
Saint-Lyé (halte)	3 18	»	»	…	…	»	»	6 56	11 6	…	6 41	…
Payns	3 25	»	»	…	…	»	»	7 »	11 13	…	6 57	…
Savières (halte)	3 32	»	»	…	…	»	»	7 7	11 20	…	7 6	…
Saint-Mesmin	3 40	»	»	…	…	»	»	7 15	11 28	…	7 22	…
Mesgrigny	3 50	»	11 7	…	…	2 3'	5 53	7 26	11 39	…	7 42	…
Maizières (halte)	4 2	»	»	…	…	»	»	7 38	11 51	…	7 59	…
Romilly .... arr.	4 10	6 40	11 24		…	2 15	6 8	7 46	11 59	…	8 10	
.... dép.	4 14	6 44	11 32	40-72	…	2 19	6 12	7 51	midi 4	…	8 30	40-76
Pont-sur-Seine	4 28	»	11 47	OMNIBUS	…	2 30	6 26	8 5	midi 18	…	8 55	OMNIBUS
Nogent-sur-Seine	4 41	7 3	min. 3	1 23cl.	…	2 40	6 39	8 18	midi 32	…	9 23	1 2 3cl.
Flamboin-Gouaix .... arr.	5 7	»	min.23	matin	…	2 55	7 5	8 44	midi 58	…	»	soir
(B) .... dép.	5 9	»	min.28	10 5	…	2 56	7 7	8 46	1 »	…	10 7	7 37
Longueville .... arr.	5 24	7 26	min.40	10 20	…	3 5	7 22	9 1	1 15	…	11 31	7 52
(B) .... dép.	5 29	7 32	min.48	…	…	3 12	7 29	9 8	1 22	…	soir	8 2
Paris .... arr.	8 5	9 20	3 20	…	…	4 55	10 »	midi »	1 5	…	…	11 »

Ligne d'Orléans à Châlons-sur-Marne

STATIONS.	561 1re 2e 3e	557 1575 1,2 3cl.	565 1re 2e 3e	569 1re 2e 3e	1579 571 1,2,3cl.	573 1re 2e 3e
			matin	matin		soir
Orléans (B)..............dép.	....	....	5 40	10 38	....	5 24
Montargis (B)...........{arr.	matin	....	7 46	midi 46	soir	7 31
Montargis (B)...........{dép.	5 42	....	7 54	1 »	3 15	7 59
Sens (Lyon) (B)........{arr.	7 52	matin.	10 1	3 13	6 57	10 5
Sens (Lyon) (B)........{dép.	7 59	6 »	10 34	4 16	7 30	10 9
Sens (Ville)..........{arr.	8 5	6 6	10 40	4 22	7 36	10 15
Sens (Ville)..........{dép	matin	6 9	10 44	4 25	7 40	soir
Vulaines-Rigny-le-Ferron.......		7 25	11 53	5 34	8 49	
St-Benoit-sur-Vannes (halte)......	....	7 33	midi »	5 41	8 56	....
Aix-en-Othe-Villemaur........	....	7 41	midi 7	5 48	9 3	....
Estissac............	....	7 59	midi 24	6 5	9 20	....
Fontvannes...........	....	8 12	midi 37	6 18	9 33	....
Messon (halte).........	....	8 18	midi 43	6 24	9 39	....
Torvilliers–M. (halte)........	553	8 34	midi 59	6 40	9 55	....
Troyes (Preize) (B)......arr.	1,2,3 cl.	8 45	1 40	6 51	10 6	....
Troyes (Est)...........{arr.	matin	9 2	1 23	7 10	10 13	....
(B) {dép.	6 2	9 44	1 4	6 40	soir	....
Troyes (Preize) (B).........dép.	6 14	9 55	1 16	7 »		....
Pont-ste-Marie-Lavau (halte).........	6 21	10 5	1 23	7 7	....	....
Creney (halte)..........	6 30	10 19	1 32	7 16	....	....
Luyères-Assencières.........	6 47	10 46	1 49	7 33	....	....
Charmont............	6 56	11 3	1 58	7 42	....	....
Montsuzain...........	7 6	11 23	2 8	7 52	....	....
Voué (halte)...........	7 11	11 30	2 13	7 57	....	....
St-Etienne-Nozay........	7 21	11 49	2 23	8 7	....	....
Arcis-sur-Aube (B)...........	7 37	midi 19	2 38	8 21	....	....
Allibaudière............	7 51	midi 44	2 52	8 35	....	....
Herbisse	8 1	1 3	3 2	8 45	....	....
Mailly..............	8 21	1 36	3 22	9 5	....	....
Châlons-sur-Marne.........arr.	9 40	4 »	4 35	10 18	....	....
	matin	soir	soir	soir		

Ligne de Troyes à Châtillon-sur-Seine

STATIONS.	45–49 1re 2e 3e	45–41 1re 2e 3e	45–43 1re 2e 3e	45–45 1re 2e 3e	45–47 1re 2e 3e
	matin	matin	soir	soir	soir
Troyes (B)...............dép.	3 5	7 20	1 10	6 10	10 20
Saint-Julien (halte)............	3 13	7 29	1 19	6 18	10 27
Maisons-Blanches-Verrières...........	»	7 39	1 29	6 27	10 34
Clérey............	»	7 50	1 41	6 36	10 43
Saint-Parres-les-Vaudes	»	7 59	1 50	6 44	10 51
Fouchères-Vaux...........	»	8 8	1 59	6 52	10 59
Courtenot-Lenclos.........	»	8 16	2 7	6 59	11 6
Bar-sur-Seine ....{arr.	3 37	8 30	2 21	7 11	11 18
Bar-sur-Seine ....{dép.	4 7	8 40	2 31	7 18	...
Polisot...............	4 17	8 54	2 41	7 27	...
Gyé-sur-Seine.........	4 30	9 7	2 54	7 39	...
Plaines............	4 44	9 21	3 8	7 51	...
Mussy.............	4 51	9 28	3 15	7 59	...
Châtillon-sur-Seine.........{arr.	5 25	10 1	3 52	8 39	...
Châtillon-sur-Seine.........{dép.	5 43	10 48	5 20	...	...

Ligne de Châlons-sur-Marne à Orléans

STATIONS.	552 1re 2e 3e	554 1574 1,2,3cl.	556 1re 2e 3e	560 1re 2e 3e	1578 566 1,2,3cl.	570 1re 2e 3e
			matin	matin	matin	soir
Châlons-sur-Marne .... dép.	....	....	6 »	11 15	11 30	5 55
Mailly	....	....	7 8	midi 14	2 9	7 17
Herbisse	....	....	7 20	midi 26	2 35	7 31
Allibaudières	....	....	7 27	midi 33	2 51	7 39
Arcis-sur-Aube (B) ....·...	....	....	7 44	midi 48	3 32	8 »
Saint-Etienne-Nozay	....	....	7 54	midi 57	3 55	8 12
Voué (halte)	....	....	8 4	»	4 12	8 23
Montsuzain	....	....	8 8	1 7	4 22	8 28
Charmont	....	....	8 18	1 16	4 44	8 40
Luyères-Assencières	....	....	8 27	1 25	5 1	8 51
Creney (halte)	....	....	8 38	»	5 21	9 4
Pont-ste-Marie-Lavau (halte)	....	....	8 44	»	5 31	9 11
Troyes (Preize.) (B) .... arr.	....	....	8 49	1 41	5 40	9 17
Troyes (Est) .... arr.	....	matin	9 2	1 58	5 50	9 30
(B) dép.	....	5 25	8 50	1 40	6 40	soir
Troyes (Preize) (B) .... dép.	....	5 32	9 1	1 53	6 50	===
Torvilliers-Montgueux (halte)	....	5 46	9 14	»	7 3	....
Messon (halte)	....	6 1	9 28	»	7 17	....
Fontvannes	....	6 8	9 33	2 17	7 22	....
Estissac	....	6 21	9 47	2 30	7 36	....
Aix-en-Othe-Villemaur	....	6 33	9 58	2 40	7 47	....
St-Benoit-sur-Vannes (halte)	....	6 42	10 7	»	7 56	....
Vulaines-Rigny-le-Ferron	....	6 50	10 15	2 54	8 4	....
Sens (Ville) .... arr.	matin	8 »	11 24	3 44	9 12	soir
dép.	5 40	8 4	11 28	3 49	9 15	7 15
Sens (Lyon) (B) .... arr.	5 47	8 10	11 33	3 54	9 20	7 21
dép.	5 58	9 15	11 58	4 15	soir	7 50
Montargis (B) .... arr.	7 47	midi 44	1 44	6 4	===	9 50
dép.	7 52	===	1 50	6 20	....	....
Orléans (B) .... arr.	10 5	....	4 5	8 31	....	....
	matin		soir	soir		

Ligne de Châtillon-sur-Seine à Troyes

STATIONS.	45-42 1re 2e 3e	45-48 1re 2e 3e	45-40 1re 2e 3e	45-34 1re 2e 3e	45-44 1re 2e 3e
	matin			soir	soir
Châtillon-sur-Seine .... arr.	10 16	...	matin	3 35	7 11
dép.	11 33	...	7 20	3 43	7 24
Mussy	midi 9	...	7 57	4 12	7 58
Plaines	midi 15	...	8 3	4 18	8 4
Gyé-sur-Seine	midi 28	...	8 16	4 28	8 16
Polisot	midi 41	...	8 29	4 38	8 26
Bar-sur-Seine .... arr.	midi 51	matin	8 39	4 46	8 34
dép.	midi 59	5 »	8 50	4 50	8 41
Courtenot-Lenclos	1 14	5 12	9 5	5 2	8 53
Fouchères-Vaux	1 22	5 19	9 13	5 9	9 »
Saint-Parres-les-Vaudes	1 31	5 27	9 23	5 18	9 8
Clérey	1 42	5 34	9 34	5 25	9 15
Maisons-Blanches-Verrières	1 54	5 43	9 46	5 34	9 24
Saint-Julien (halte)	2 5	5 52	9 57	5 43	9 33
Troyes .... arr.	2 13	5 59	10 5	5 50	9 40

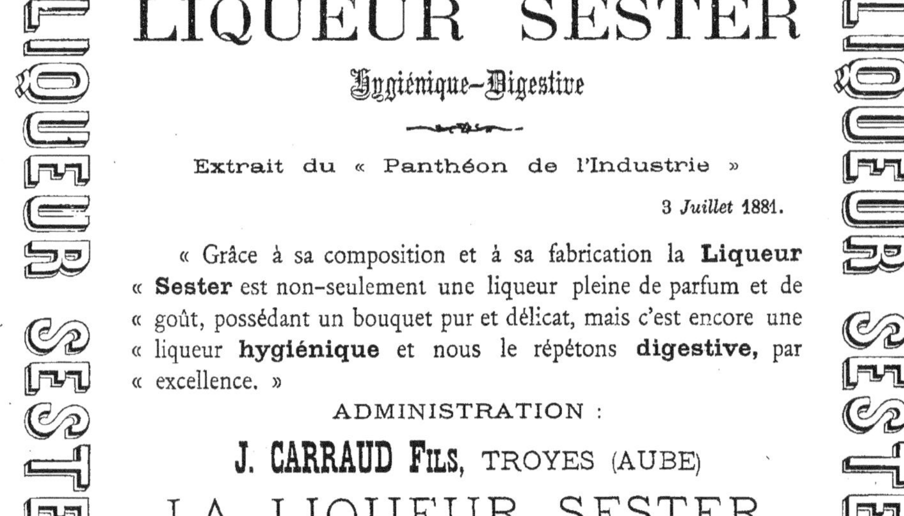

LIQUEUR SESTER

LIQUEUR SESTER

LIQUEUR SESTER

Hygiénique-Digestive

Extrait du « Panthéon de l'Industrie »

3 Juillet 1881.

« Grâce à sa composition et à sa fabrication la Liqueur
« Sester est non-seulement une liqueur pleine de parfum et de
« goût, possédant un bouquet pur et délicat, mais c'est encore une
« liqueur hygiénique et nous le répétons digestive, par
« excellence. »

ADMINISTRATION :

J. CARRAUD FILS, TROYES (AUBE)

LA LIQUEUR SESTER

se trouve chez tous les marchands de liqueurs